AF285089

Catharina Sieveking
geb. Roosen

Afrika 1906

Tagebuch einer Reise

Bibliografische Information der Deutschen Nationalbibliothek:
Die Deutsche Nationalbibliothek verzeichnet diese Publikation
in der Deutschen Nationalbibliografie;
detaillierte bibliografische Daten sind im Internet über
http//dnb.dnb.de abrufbar

Herausgeber: Hans Ulrich Sieveking
Leverkusen 2018

Umschlagbild: Postkarte aus Swakopmund von 1907

Frontispiz: Käthe Roosen (um 1900)

Rückseite: Briefmarke von Deutsch-Südwestafrika um 1906
© Hans Ulrich Sieveking

Herstellung und Verlag: BoD – Books on Demand,

Norderstedt

ISBN 9783752859065

Inhalt

Vorwort des Herausgebers

In Deutsch-Südwestafrika herrscht Anfang 1906 noch Krieg gegen Hereros und Nama. Ein Truppentransport, in Hamburg eingeschifft, soll Verstärkung bringen. Oberleutnant Berend Roosen wird begleitet von seiner Frau Ellen und seiner Schwester Catharina (Käthe).

Käthe berichtet über ihre zweimonatige Afrikareise in einem Tagebuch. Dieses ist im Folgenden wiedergegeben.

Neben ca. 600 Soldaten und Offizieren scheinen Ellen und Käthe die einzigen Frauen an Bord der „Erna Woermann" zu sein; sie sitzen mit am Kapitänstisch und werden, wie auch später in Südwestafrika, hofiert.

So gestaltet sich der Aufenthalt der Damen in einem Kriegsgebiet zu einer eher touristischen Urlaubsreise durch ein exotisches Land, das sie mit der neu gebauten Eisenbahn durchqueren. Auf Maultierkarren unternehmen sie, von Offizieren begleitet, Ausflüge in die Umgebung von Windhuk.

Dabei begegnen sie auch einem Zug von Nama-Gefangenen mit Frauen, Kindern und Vieh, deren elenden Zustand Käthe beschreibt – in der (falschen) Annahme, dass diese nun in Sicherheit wären. Aus der Sicht der Offiziere erfährt Käthe einiges über den Verlauf des Krieges.

Auf der Rückreise mit der Bahn macht Käthe Station in Okahandja und besucht auch eine von aufständischen Hereros teilweise zerstörte Farm bei Okahango.

Ihr Bruder Berend, der sie bis Swakopmund begleitet, bleibt mit seiner Frau Ellen in Südwestafrika, während Käthe auf dem gleichen, diesmal fast leeren Schiff, mit dem sie gekommen war, zurückfährt. Dabei wird zum Kohleholen wieder Station in Liberia, auf den Kanarischen Inseln und auf Madeira gemacht.

Auf der Elbe ist es wieder kalt und grau. Von der Heimkehr ist Käthe ernüchtert.

Das in Kurrentschrift, teilweise im Telegrammstil lebendig geschriebene Tagebuch zeigt überwiegend positive Aspekte. Käthe ist begeistert von der Schönheit der bereisten Landschaften und angetan von der zuvorkommenden Behandlung durch die Offizierswelt, deren Ansichten über die einheimische Bevölkerung sie weitgehend übernimmt. Beim Schreiben ihres Tagebuchs auf der Rückreise kommt ihr der flüchtige Wunsch nach einem Beruf in Monrovia in den Sinn, wo sie auf der Hinreise erste Eindrücke von einem fremden aber friedlichen Afrika gewonnen hatte.

An ihre gemeinsame Reise erinnert Berend ein Jahr später, als der Krieg zu Ende geht, mit einer Feldpostkarte an seine frisch vermählte Schwester, *Käthe Sieveking*.

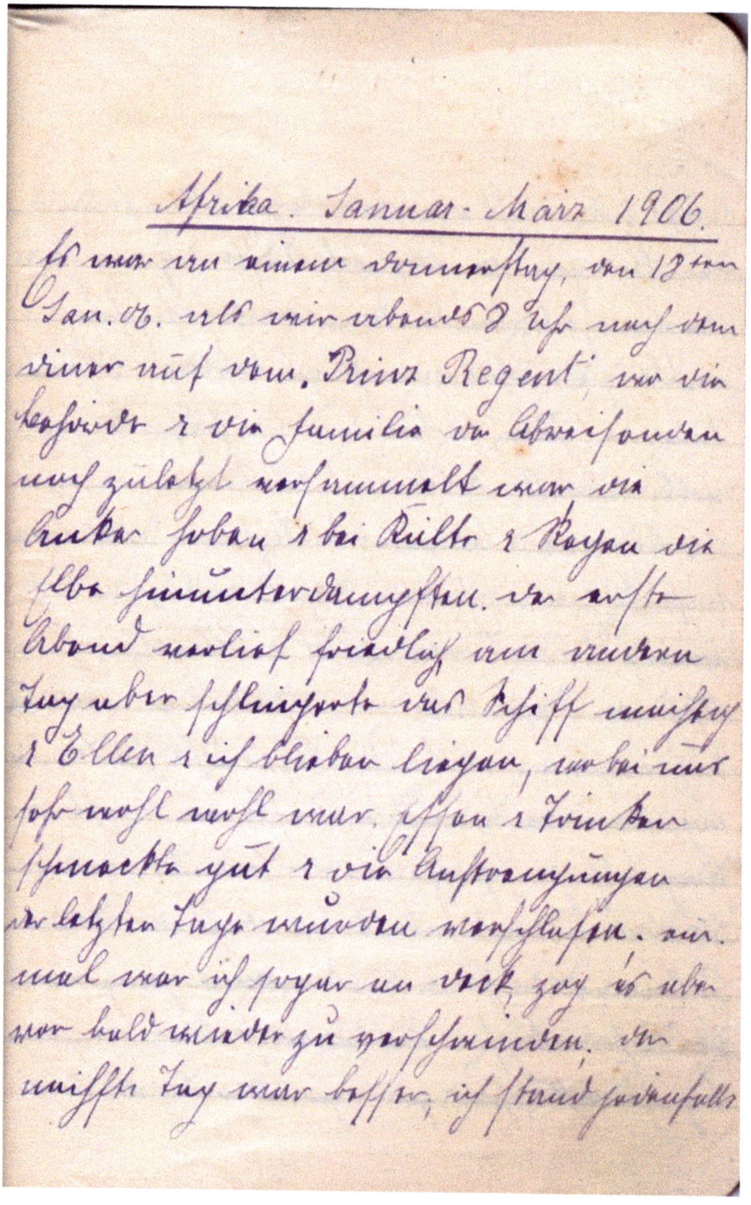

Afrika. Januar - März 1906.

Es war ein einem donnerstag, den 18ten Jan. 06. als wir abends? Uhr nach dem diner auf dem „Prinz Regent" wo die behörde & die Familie die abreisenden noch zuletzt versammelt war die enten soben & bei Rülke & Kayau die selbe hinunterrauschten. der erste Abend verlief friedlich am andern Tag aber schlingerte das Schiff mächtig & Ellen & ich blieben liegen, wir bei uns noch nicht recht war. essen & trinken schmeckte gut & die Anstrengungen der letzten Tage wurden nachgefühlt. ein mal war ich sogar an deck zog es aber war bald wieder zu verschwinden. der nächste Tag war besser, ich stand jedenfalls

Abb. 1 Erste Seite des Reisetagebuchs

8

1. Hinreise über Las Palmas und Monrovia

Es war an einem Donnerstag, den 18. Jan. 1906, als wir abends 8 Uhr nach dem Diner auf dem „Prinz Regent", wo die Behörde und die Familie der Abreisenden noch zuletzt versammelt waren, die Anker hoben und bei Kälte und Regen die Elbe hinunter dampften. Der erste Abend verlief friedlich, am anderen Tag aber schlingerte das Schiff mächtig, und Ellen [Roosen] und ich blieben liegen, wobei uns sehr wohl war. Essen und Trinken schmeckten gut, und die Anstrengungen der letzten Tage wurden verschlafen; viermal war ich sogar an Deck, zog es aber vor, ebenso bald wieder zu verschwinden. Der nächste Tag war besser, ich stand jedenfalls auf und habe nicht wieder gelegen. Wir sahen am Morgen die englische Küste und ganz fern die französische. Die See war schön, nicht zu ruhig und nicht zu bewegt, und hatte wunderschöne Färbung. Das Schiff [„Erna Woermann"] war sehr voll; überall Soldaten, 598 Mann, dazu 36 Offiziere und Beamte; bei Tisch war alles besetzt. Unser Tisch war sehr nett: Kapitän, Major Scheubening, Ellen, Berend [Roosen], Hpt. v. Kleist, ich, Hpt. v. Rappard.

Ungefähr am 5. Tag, nachdem die Bay von Biscaya hinter uns lag, kam die spanische Küste in Sicht und stieg felsig und schroff aus der Brandung auf; es war ziemlich kalt bis dicht vor Las Palmas; es wehte, und die See war ganz weiß von Schaumköpfen. Was man so trieb den ganzen Tag, ist wohl schwer zu sagen. Man lag im Stuhl, dachte nach, las, schlief, ging zu Tisch, las *ad inf.,* abends guckte man nach Mond und Sternen. Am 26., gegen 2, Uhr erschien, wie ein Wolkengebilde am Horizont, der hohe Piz von Las Palmas.

Die Tage vorher hatten wir große Konferenzen, ob wir weiter mitfahren sollten oder nicht, und nachdem bei allen sondiert war, fiel der Würfel auf Weiterfahren, und so haben wir denn unseren Transport begleitet, soweit es anging.

Allmählich kam mehr und mehr die Insel zum Vorschein, doch wurde es 4, ja, 5 Uhr, ehe man an Land konnte. Kaum fiel der Anker, als es längsseits wimmelte von Booten mit Verkäufern, ein buntes Bild. Die Leute durften nicht an Bord kommen, und nun gab es ein Geschrei und Handeln und Feilschen von den Booten aus mit den Soldaten: Apfelsinen, Bananen, Zigarren, Decken, alles Mögliche hatten die Gauner, verlangten hohe Preise, ließen sich um die Hälfte schinden und haben doch dabei betrogen. Dazwischen tauchten für Geld kleine Kerle in die Tiefe. Zuerst ist dies Treiben geradezu überwältigend. Man steht an der Reling und staunt. Endlich kamen wir mit der Barkasse an Land und fielen da sofort einer Horde Kutscher in die Hände, die wie wild ihre Wagen anboten. Wir stiegen mit Hpt. v. Kleist in einen hinein und besahen uns den Ort.

Erst fährt man eine lange Straße entlang, Sand und Dünen; an der anderen Seite brandete sehr schön das Meer. Sonst, die Stadt, ein Bild des Verfalls; *sic transit gloria Hisp[aniae]*. Überall Gebäude, die nicht zu Ende geführt sind, aus Mangel an Geld; schlecht gehaltene Straßen, verstaubte Bäume, nackte schmutzige Kinder. Schmutz und Staub überall. Ganz hübsch war die Kathedrale, und der große Platz davor machte sich gut im Abendsonnenschein.

Es regnete ein wenig. Die Schönen boten ihre Reize aus kleinen Schubfenstern aus. Einige waren wirklich hübsch und alle doll kokett. Wir fuhren zum Essen nach St. Catalina, unsere Einkäufe auf die Rückreise verschiebend. Ins Hotel kamen nachher auch die anderen, sehr stolz mit ihren Sachen. Am Quai wurden wir dann wieder von Gaunern in Empfang genommen und zur „Erna" befördert. Die ganze Nacht wurde gekohlt, und früh erwachte man von dem erneuten Geschrei der Händler. Eine Nacht im Hafen liegen ist keine Sache, die man gern hat. Diesmal lag die Insel im Sonnenschein vor uns und nahm sich mit dem überragenden Berg sehr schön aus. Im Hafen war viel Leben.

Um 10 Uhr etwa dampften wir weiter. Jetzt kamen wir allmählich südlicher, doch war es noch recht kühl. Am 27. wurde K[aiser]s Geburtstag festlich begangen. Früh wurde alles geflaggt und Vorbereitungen zum Feldgottesdienst getroffen, der auch nachher von statten ging; v. Eckhoff las die Predigt, danach war großes Photographieren und am Abend feierliche Tafel mit Reden des Majors, der auch am Morgen gesprochen hatte. Nachher führten einige Soldaten Tänze auf. Es war übrigens der erste wärmere Tag. Am Montag fing dann die Impferei an und nahm die davon Betroffenen ziemlich mit.

Es wurde immer schöner auf dem Wasser. Man sah abends das Meer leuchten, und Funken sprangen, wenn das Wasser aufspritzte. Tags erschienen Scharen von Schweinsfischen, Tümmlern und fliegenden Fischen. Auch Haie und weiter südlich Walfische. Wir saßen meist ganz oben und ich oft vorn auf der Kommandobrücke, wo es immer am schönsten war, morgens, abends und nachts. Jetzt wurde es schnell wärmer.

Abb. 2 Liberia (Stielers Handatlas, 1905)

Am 31. früh sahen wir Monrovia liegen, und etwa 10 Uhr fiel der Anker. Sofort tauchten am Horizont eine Unzahl Kanus auf mit Croo-Negern, die das Schiff umschwärmten und für Geld tauchten; mit einer Fixigkeit und Gewandtheit machten sie das und lenkten ihre zerbrechlichen Dinger durch die Barre, dass es Wunder nahm. Endlich kam die hohe Regierung der schwarzen Gauner an Bord.

Das Ufer an der Liberiaküste ist flach. Man sieht vom Wasser aus Palmwälder und die Stadt Monrovia den Hügel hinauf gebaut; unten am Strand liegt das Croo-Dorf, die Brandung ist dort ziemlich stark, so dass man mit der Barkasse nicht bis ans Land fahren kann, sondern man wird gerudert, und die Kerle verstehen es famos, die Brecher zu nehmen. Jetzt kamen eine Masse Schwarze an Bord, teils um Marken zu verkaufen, teils andere Sachen.

Endlich konnten wir auch von Bord und stiegen erstmals auf afrikanischem Boden aus. Es war ein glühend heißer Tag, so recht tropisch. Man stieg an einer Art Kaimauer aus und lief gleich Spalier bei einer Mauer von Schwarzen, die in allen möglichen Stellungen herum hockten und Waren ausboten, z.B. Ananas.

Nachdem wir ewig lange auf der Post mit dem schwarzen Gentleman verhandelt hatten, machten wir uns, gestärkt durch Ananas und geführt von einem Boy, auf die Beine gen Crootown. Die liegt abseits unter Palmen. Erst passiert man einen Bazar, wo die Schönen herumsaßen und einkauften. Überall stinkt es nach Fisch; sie aßen da einen Fraß, dass einem vom Hinsehen übel wird.

Das Dorf ist ganz interessant, besonders, wenn man so etwas erstmals sieht. Reinlicher, als man denkt, sind die

Hütten, auch innen; meist stehen sie auf Pfählen, der Insekten wegen, und sind ganz kunstvoll gebaut. Innen sind Zimmer abgeteilt, vorn oft eine Veranda, die Wände sind geflochten aus breitem Schilf, und damit ist auch die Hütte gedeckt. Viel Spaß macht das Kostüm der Leute. Zylinder sind gar nicht selten. Kinder, alle nackt, umtosen uns mit Geschrei nach *money*. Frauen sind zur Hälfte bekleidet; wenn sie jung sind, recht hübsch, tragen Rock und Shawl, der nicht viel verbirgt. Männer haben manchmal viel an, oft wenig, einzeln nichts; schöne Körper, sehen am besten aus, wenn sie nichts anhaben. Für *chic* gilt es, Stiefel zu tragen und Regenschirm. Die Frauen arbeiten, die Männer sind faul, bis auf die, die mit den Schiffen gehen. Einige Damen wurden frisiert oder gelaust, was wohl dasselbe ist.

Die ganze Tour da herum war blödsinnig heiß; als wir daher an einer Ecke mit dem Konsul zusammentrafen, folgten wir, zu Tode erschöpft, gern seiner Einladung zum Frühstück und erfrischten uns ganz riesig.

Nach Tisch wurde nochmal durch das Dorf gepilgert, und während es leise regnete, wanderten wir durch die etwas stärkere Barre mit dem Konsul wieder zur „Erna".

Diese Neger rudern großartig, denn bei bewegter See steht eine schwere Brandung an der Küste, und sie verstehen es brillant durchzukommen. Abends, nachdem der Konsul endlich abging, dampften wir ab, und da der Kapitän nicht genug Jungs hatte, fuhren wir noch nach Picaninny Cess, wo wir ½ Tag lagen. Das Land war dort so weit fort, dass man nur von fern die Palmbäume und einige Hütten erkennen konnte; wir fuhren in Sicht vom Land, aber nur mit dem Glas konnte man etwas unterscheiden, dasselbe Bild mit den kleinen Kanus wiederholte sich, aber wir waren froh, als es fort ging, denn unter Land zu liegen, ist sehr heiß; so hat man doch den Luftdruck der Fahrt und hinter der [Äquator-] Linie den S.O.-Passat entgegen.

Die Linie passierten wir den 3.2. und hatten eine reizende Taufe. Backbord auf dem Promenadendeck war von Segeltuch ein Bassin hergerichtet; verschiedene Herren hatten sehr nett gedichtet und eine Zeitung zusammengestellt und abends wurde sehr gefeiert.

Die letzten Tage gingen schnell hin. Wir hatten hübschen Wind entgegen, daher abends immer kühl und luftig, abends auf der Kommandobrücke nach Tisch war es am schönsten.

Ja, das war die Hinreise, und am 9.2. 10 Uhr früh warfen wir Anker vor Swakopmund bei Sonnenschein; da kam dann die Entscheidung: Für viele überraschend, für Berend ja gottlob Windhuk, die meisten aber nach Lüderitz und sind jetzt auf dem Todesritt nach den Karrasbergen durch Fels und Klippen auf und ab.

2. Bahnfahrt von Swakopmund nach Windhuk

Abb. 3 Südwestafrika (Ausschnitt, Stielers Handatlas, 1905)

Landung in Swakopmund war ohne Schwierigkeit, wurden im Stuhl aus- und eingeladen. Nacht bei Ritters gewohnt. Swakopmund öder Ort, alles Sand, gelber Sand, in der Ferne Berge. Am anderen Morgen früh im Packwagen nach Windhuk. Erster Teil der Fahrt durch öden Sand und Dünen, dann durch das Rössingrevier; schroffe zackige Felsen, trostlose, schwermütige Schönheit in der Landschaft, bedingt durch die eigenartige Beleuchtung. Große Steigung der Straße mitten durch die rötlichen Felsen bei Kan. Das Gestein von einer Schroffheit und Öde, wie man es bei uns nicht kennt. Die kleine Zwillingslokomotive kriecht und schnaubt mit dem langen Zug die steilsten Strecken hinauf; teilweise in zwei Partien. Erster Tag bis Inbultmuter. Wunderbarer Sonnenuntergang hinter den Bergen. Beleuchtung und Wolken, klare Luft, so dass jede Zacke zu erkennen war, dann wieder der Dunst über den fernen Bergen, lässt sich nicht beschreiben, auch nicht vergessen. Die Nächte sind kühl, während es am Tage bis zu 57° C steigt, die Nächte sind geradezu erfrischend, dazu klarster Mondschein und helle Sternenhimmel.

Am 2. Tag Abfahrt; man steigt immer höher, die Gegend wird schon weniger öde, es zeigt sich Gras und Busch und Dorn. Die Felsen bleiben nackt und schroff. Bei Ababis wird es immer schöner; Genesungsheim liegt reizend auf grüner Matte; dort ist es grün, auch gibt es Bäume und Wasser in der Höhe. Wenn der Rimian abkommt, sogar Überschwemmung. Merkwürdiger Eindruck von Flussbetten ohne Wasser [„Rivier"]. Im Genesungsheim von Dr. Hinze erfrischt mit Kaffee und schönen Dingen. Immer schöner und kühler wurde die Fahrt bis Karibib. Größerer Ort, gutes Unterkommen. In Jakalsu schliefen wir zu dreien. Liebenswürdig im Kasino bewirtet. Lt. Berne: Sonnenuntergang einzigartig in Afrika. Jeden Abend anders und immer wunderbar schön. Ziemlich müde und früh schlafen gegangen.

3. Tag früh Abfahrt. Bis 10 Uhr ist die Fahrt herrlich kühl, dann fängt es an, warm zu werden, zwischen 12 und 4 Uhr ist der Höhepunkt, 5 Uhr nimmt es ab. Auf der ersten Strecke bis Pfordte merkwürdige Luftspiegelungen. Man glaubt, mitten im Sandfeld Wasser zu sehen, von Bäumen umgeben; es liegt an der Hitze und am Reflex der Sonne auf dem Sand. Dieser Tag bis Okahandja mit dem Kaiser-Wilhelm-Berg, von Hpt. Franke gestürmt. Sieht man die Felsen, so begreift man erst, wie mühsam und beschwerlich und voller Anstrengung der Feldzug für unsere Soldaten ist,

war und sein wird; im Süden soll es noch schroffer sein, was mögen die da erdulden.

Von Karibib fuhren wir durch grünes wandelndes Gelände an verschiedenen Stationen vorbei bis Johann-Albrechtshöhe. Dort zur Station gefahren und zu den Wasserfällen. Der Pad besonders gut gehalten. Die Station lag in frischem Grün; hohe Bäume und hohes Gras. 1.000 Ochsen waren dort auf den Weiden. Mittags in Waldau: dort verschiedene Gebäude zerstört von den Aufständischen [Hereros], Gräber von Ermordeten. 6 Uhr in Okahandja. Wohnung im Hotel. Okahandja liegt entzückend, und die Umgegend oft sehr schön. Den Abend waren wir im Kasino geladen, reizend aufgenommen, mit Rosen geschmückt. Man hört viel von der großen Schönheit des Landes, besonders Norden und Osten sollen herrlich sein. Alle sind gern im Land und möchten lange da bleiben. Neben mir saß Oblt. Hildebrand, der im Gefecht mit Rappard war, als er verwundet wurde. Dort war auch Ziegler, dessen Farm zerstört wurde, er hatte die Belagerung in Okahandja mitgemacht. Die Feste ist ziemlich stark. Die Hereros greifen feste Plätze selten an und nie nachts. Die Hottentotten [Namas] greifen an, wo sie können, tags und im Finstern ist ihnen egal.

Aus Okahandja ging es 6.30 ab. Die Fahrt ging durch Busch und Wald, hohe Bäume kommen vor und weite Grasflächen, Flussriviere, die mit Bäumen und Sträuchern bewachsen sind. Es sieht alles mehr parkartig aus. Die Berge, bis auf den Kaiser-Wilhelm-Berg, traten mehr zurück und sind bewachsen, jedenfalls die niederen. Teilweise sogar sumpfig. Bei Otjihawera großer Kral mit „Pontocks", primitiver Bau aus Strauch und Lehm oder Lumpen.

3. Offiziere und Gefangene

Ankunft in Windhuk [Dienstag, 13.2.] 1 ½ Uhr. Unsere Reisegesellschaft war wechselnd gewesen. Die meisten Herren fuhren mit dem ersten Zug, und zwei bis vier bei uns im Wagen. Hier am Bahnhof reizend empfangen und vorbereitet. Major Maercker hatte uns in der liebenswürdigsten Weise seine Wohnung zur Verfügung gestellt, im Kommandeurhaus. Zwei schöne Zimmer und eine große Veranda, auf der wir fast den ganzen Tag sitzen mit herrlichem Blick auf Windhuk, gegenüber die Gefangenenkrale, in der Ferne das Komashochland und Auasgebirge. Zu jeder Zeit schönste Beleuchtung. Ersten Abend mit den Herren gegessen; sonst sehr gemütlich in der Wohnung.

Das Essen wird geholt 2 x am Tag. Tee ist hier zu haben. Mittwoch Besuch beim Gouverneur [Friedrich v. Lindequist], sehr liebenswürdig. Herrlicher Garten. Weingänge, Bananen, Feigen, Zitronen, blühender Oleander und Granatäpfel, von allen Häusern herrlicher Blick aufs Gebirge.

Donnerstag Fahrt nach Klein-Windhuk durch ein hübsches grünes Tal über den Pass. Der Besitz des Pächters Ludwig groß und wunderhübsch gelegen. Auch dort hohe Weingänge und Bananenbäume. Alpenglühen auf den Auasbergen. Rückfahrt im Dunkeln auf dem Pad.

Freitag. Besuch beim Oberstabsarzt Dr. Berg. Reizendes älteres Haus. Abends ein ganz besonders netter Abend im Casino, 1 Klippkafferncasino. Einladung von Oblt. Dörschlag. Musik und Blumen, alles sehr schön. Major Schultze-Moderow machte tausend Pläne.

Abb. 4 Berend Roosen in Südwestafrika, 1906

Sonnabend [17.2.] Berends Geburtstag gefeiert mit Sekt in der Wohnung, abends reizende Fahrt mit M. Maercker um Windhuk herum, am großen Kral vorbei, Artilleriedepot, am Kirchhof vorbei, trostlos und öde. Parkartige Straße, wundervolle Fahrt und Luft.

Sonntag früh 8 Uhr abgeholt von Moderow. Gefahren nach der früheren Feste Scherlingsluft. Blick auf Groß- und Klein-Windhuk, Pferdedepot. Gartenanlagen von Hpt. Burda. Zurück durch das Rivier und Klein-Windhuk. Zwei Reiter voraus, die die Dornsträucher entfernten. Berend zum ersten Mal sein Pferd geritten.

Abends 4 Uhr Fahrt nach Nebuamis zur Station der Kolonne II. Blick auf die Komas- und Onjatiberge. In N. ausgestiegen, etwas erhöht auf dem Aussichtspunkt gesessen und die herrliche Aussicht auf das Hochland und den Kaiser-Wilhelm-Berg bei der untergehenden Sonne genossen.

Die Wege sind oft verteufelt. Die Fahrt geht auf und nieder, über Stock und Steine, die Pferde laufen famos und Schultze-Moderow führt brillant; dass wir nie umkippen, scheint, wenn man den Weg sieht, ans Wunderbare zu grenzen, aber im Wagen fühlt man sich vollständig sicher. Die Station liegt ziemlich hoch, nettes Häuschen mit 2 Stuben; Kral mit Maultieren.

Der Schultze-Moderow erzählt viel und interessant von seinen Fahrten im Land. Er ist überall gewesen herum, auch im Süden, und meint, der Feldzug dort wäre der schwerste von allen; das Gelände ist am schwierigsten, der Wassermangel groß, und die Strapazen sind enorm. Was bisher geleistet, stehe nicht im Verhältnis mit dem, was jetzt im März bevorsteht.

21

Morenga [Anmerkungen zu Namen und Begriffen s. Anhang III] ist ein anständiger, gerissener und tüchtiger Feldherr, dabei vollständig als Anführer zu respektieren. Ursprünglich hat es sich so entwickelt:

Im Anfang hatte der alte Hendrik uns 100 Witboois gestellt, von denen Morenga im Kriege einige erschoss. Für diese forderte der Gauner H[endrik] bei der Regierung Genugtuung. Die setzte 500 M auf den Kopf des Morenga. Der flüchtete darauf ins Kapland mit einigen Leuten, kam später zurück, nährte sich von Viehdiebstählen, erst nur mit 20 Mann, bis sich immer mehr um ihn sammelten. Jetzt sitzt er da mit einer großen Bande in den Karrasbergen und wird sich nicht ergeben, ehe er fällt als freier Mann. Daher wird der Feldzug sehr erbittert sein, er ist noch nicht Orlog-[Kriegs-]müde.

Gestern, als wir gerade zurück waren mit sinkender Sonne, die alle Spitzen und Zacken der Berge rötlich vergoldete, kam Maercker und teilte uns als den ersten freudestrahlend seine eben erhaltene Depesche mit, des Inhalts, dass der Cornelius [Frederiks] sich gestellt habe mit seinen Orlogmännern, Weibern, Kindern, Groß- und Kleinvieh, vermittelt durch Goliath von Berseba. Darüber ist große Freude natürlich, denn es bedeutet sehr viel, da man ihn nie fangen könnte. Außerdem teilte er uns mit, dass am anderen Morgen Samuel Isaak, von Rehoboth kommend, in Windhuk eintreffen würde.

Riesig liebenswürdig und zuvorkommend ist der Major Maercker trotz seiner kolossalen Arbeitslust. Überhaupt werden wir hier in einer Weise reizend aufgenommen, die einzig in ihrer Art ist. Jeder ist so zuvorkommend und bereit, alles zu zeigen, besonders darin Schultze-Moderow und der Major Maercker. Ersterer aß abends mit uns auf der Veranda; es sitzt sich reizend dort, wenn auf dem Berg gegenüber auf der Werft die blauen Lichter aufflammen.

Heute früh, Montag den 19.2., kam plötzlich Nachricht, dass die Witboois schon da seien. Sofort erschien auch Moderow mit der Karre, 8 schneeweißen Maultieren, einem Vorreiter und 2 Reitern Nachtrab, und los ging die Fahrt.

Auf der Landstraße kam uns der Zug entgegen schon. Vorne der Major mit seinem Adjutanten, der zu uns hinritt; dann der Zug: 260 Orlogmänner mit Frauen Kindern und Kleinvieh, eine elende Gesellschaft; u.a. der Sebulon, der den Lt. Schweinichen erschoss, ein ekliges Gesicht, verbissen und tückisch. Die Weiber matt und elend, sie waren in 2 Tagen von Rehoboth gekommen, 40 km an einem Tag marschiert mit den kleinen Kindern durch den tiefen Sand. Sie kommen hier in den Kral; diese hatten sich freiwillig gestellt. Die Anführer waren beritten. Gewehre hatte man genommen.

Die Gefangenen sind im Kral. Die meisten werden als Arbeiter verwandt im Garten und auf der Straße und bei der Eisenbahn. Weglaufen tun sie nicht. Sie sind Orlog-müde und freuen sich, dass sie zur Ruhe kommen, zu Essen kriegen und nicht mehr gehetzt werden; besonders die Weiber sind ganz elend, dürr und wund.

Unverkennbar sind die verschiedenen Rassen. Der Herero ist dunkelbraun bis schwarz, groß schlank gebaut, hält sich aufrecht und sieht gut aus, hat ausgefeilte Zähne, die Weiber haben eine schöne aufrechte Haltung und sogar Grazie. Der Klippkaffer auch dunkel, mehr breit, auch gut gebaut. Der

Hottentott [Nama] rötlich hellbraun, klein, behende, dünn, verschmitzt und verkniffene Züge; fies sieht er aus. Dann gibt es noch „Bastards", natürlich heller. Über die sind die Meinungen geteilt. Überhaupt gilt hier das Wort: 2 Menschen, 2 verschiedene Ansichten. Einige sagen, die Bastards taugen in keiner Weise was, andere sagen, sie sind treu (im Aufstand unter Hptm. Botha haben sie zu uns gehalten und sich bewährt). Sie seien vorzüglich im Auffinden von Spuren, als Aufklärer etc., klug, groß in der Pferdezucht, daher die guten Pferde.

Nb. bei Rehoboth ist „Sterbeplatz" [viele Großtiere erkrankten dort an Seuchen].

Nach dem Passieren des Zuges ging die Fahrt nach Ongeama. Die kleinen Tiere zogen treu und stumm, ob es wohl oft sehr schwierig war, teils war der Weg steil bergan, teils ebenso abschüssig runter, manchmal flog man hoch im Wagen, der ganz brillant federt; auf diesen Wegen mit vieren zu fahren ist nicht jedermanns Sache. Es war aber herrlich. Wir waren wirklich im Komashochland, gewiss 1.800 m hoch. Das Wetter war sehr günstig, ein kühler Wind wehte uns allerdings viel Staub in die Kleider und ins Haar, und die Sonne hat uns tüchtig eingebrannt, aber es war beides nicht lustig – die Station ist sehr gut gehalten. Man traktierte uns großartig mit feinem Brot, guter Butter und Fleisch vom Kudu, das kürzlich erlegt war. Mehrere Gefangene wurden vorgeführt, teilweise höchst erbärmliche Gestalten.

Zurück ging es ebenso, die Reiter ebneten die Pfade, indem sie teils Steine entfernten, teils Herden auseinander trieben; man erkennt ferne Züge nur an leichten Staubwolken. Man fährt oft durch leere Riviere. Unser großer Wunsch ist, einen Fluss abkommen zu sehen, es ist wohl die Zeit der Regen, aber es ist merkwürdig wenig davon jetzt zu sehen. Selbst Okahandja, das Regennest, zeigte heiteren Sonnenschein. Es soll ja ganz eigenartig schnell anwachsen, das Wasser in den Flüssen. Schultze-Moderow erzählte uns, er habe 4 Stunden vor dem Swakop gestanden, ohne die Möglichkeit durchzukommen. Jetzt ist alles Sand und Busch, auch sieht man an dem ausgewaschenen Flussbett, wie reißend der Strom abkommen kann. Gewitter ist auch nicht, ob es gleich abends immer in den fernen Wolken blitzt.

Abends waren wir beim Gouverneur, hörten musikalische Genüsse 2. und 3. Ranges; sehr viel guter Wille, mehr davon als Kunst. Nachher sehr hübsch auf den Terrassen bei Musik gesessen. Es war Tischführung bestimmt, ich hatte Bock v. Wielfing. Hörten, dass Cornelius wieder flüchtig mit seinen Orlogleuten in der Wüste sei.

Dienstag abend nach Nabuamis gefahren; schönste Beleuchtung auf der Rückfahrt; tiefviolette Färbung des Himmels; abends fast kühl.

Mittwoch früh 7 Uhr nach Okeigas gefahren. 4 schwarze Maultiere; sollten eigentlich nach Arredareigas, aber der Weg sei zu anstrengend, meint M. Hier geht es auf und nieder; hohe Steigungen; ganz andere Landschaft, nicht so viel Busch. Okeigas selbst große, sehr gut gehaltene Station, keine Werft; nur Esel, da Pferde sehr viel sterben. Viel und gutes Wasser in der Nähe. Tiefe Schlucht mit Wasserstelle. Zwischen den Felsen eine tiefe gewaschene Spalte. Aussichtspunkt etwas weiter ab. Wunderhübsche Gräser.

Dörschlag begleitete uns zu Pferd, sieht gut aus, beim Reiten. Rückfahrt mit krankem Maultier etwas länger, aber auch nicht zu warm. Heute Beleuchtung wieder 1a, später vom Kaiser-Wilhelm-Berg der ganze Himmel flammend rot abschattierend bis tiefschwarze Wolken.

Freitag schickte der Gouverneur sehr liebenswürdig seinen [Wagen] und [wir] fuhren nach Klein-Windhuk; Besichtigung des Gouvernementsgartens; Dattelpalme mit unendlich vielen Früchten; abends Berend und ich nochmals bis Klein-Windhuk gefahren; Rivier und Schlucht bis Gademann; Major Maercker und sein Adjutant, Oblt. Lindemann, aßen bei uns und saßen bis spät nach Mitternacht auf der Veranda; wundervoller kühler Abend.

Sonnabend. Entscheidung, dass Berend hier bleibt, Oberstleutnant einverstanden. 5 Uhr Abfahrt mit schwer beladenem Wagen und 3 Reitern nach einer Schlucht in den Erosbergen. Weg zum Teil im steinigen Rivier durch felsige Schluchten; in einer Art Grotte Lagerplatz; große Felsen ringsum; abgeschirrt, Feuer angemacht, abgekocht, Erbswurst etc.; am Felsen gesessen und gegessen, bis spät abends ganz im Dunkeln geblieben. Beleuchtung durch große Lagerfeuer. Später klarer Sternenhimmel, kein Mondschein, daher Rückfahrt recht schwierig, stockdunkel; stellenweise war es ganz mild, aber der M. fährt ja brillant; sein kleiner Hund war mit; 10 ½ Uhr wieder zu Haus.

Sonntag [25.2.] Ruhetag.

Montag Besuch bei Bergs in ihrem reizenden Haus. Abends Dörschlag, Schultze-Moderow und Kauffmann bei uns; sehr nett verbrachter Abend auf unserer Veranda.

Dienstag mein letzter Tag. Um 4 Uhr kam Moderow mit der Karre. Fuhren bis Avis und sahen den ersten Rastplatz der Kolonne II an, eben hinter Klein-Windhuk. Kauffmann und Dörschlag trafen wir unterwegs. Am Platz ließen sie gleich Zelt aufschlagen, Pferde füttern. Wagen aufgestellt, alles in *no time*. Das Abschirren geht fabelhaft schnell, abends aßen wir im Etappen-Casino, Silberne Hochzeit von Kaisers. Es wurde ziemlich spät.

4. Rückfahrt über Okahandja nach Swakopmund

Mittwoch [28.2.] früh gepackt und 10.25 abgefahren, alles war an der Bahn. Schultze-Moderow begleitete den Zug noch ein Stück zu Pferde im Galopp. Das war Windhuk ade; ob ich es wohl wieder sehe?

Um 4 Uhr waren wir in Okahandja. Wurden sehr freundlich wiederum aufgenommen. Dieselben Zimmer. Dann 5 Uhr war Strader mit einer Karre und 4 Maultieren da, uns zu fahren. Ein schwarzer Polizeisoldat schwang die Peitsche mit großem Geschick; das machen sie famos, sie verstehen auch bei langem Zug mit solcher Genauigkeit gerade das richtige Tier zu treffen. Wir fuhren parkähnliche Wege nach dem Osannagebiet, der sinkenden Sonne entgegen. Hier ganz anders als in Windhuks Umgegend. Alles ist grün; dichtes hohes Gras und dichter Wald. Eigenartig ist es, in das Dickicht zu sehen, die langen Dornen sehen ineinander geflochten aus wie ein weißer Schleier, der zwischen den Bäumen hängt. Prachtvoll ging die Sonne unter.

In Osanna soll umgesiedelt werden; es soll Bauernsiedlung sein und ist sicher für Viehzucht sehr geeignet, wie die ganze Kolonie; dazu das große Rivier, also Wasser in der Nähe; es ist aber das Vermessen eine große und schwierige Aufgabe und der erste Anfang für die Siedler mühsam, aber auf der ganzen Welt muss man arbeiten, um den Lohn der Mühe zu ernten.

Auf der Rückfahrt brach ein Rad vom Wagen, zufällig trafen wir den Lt. Moschner mit seiner Karre, der uns dann in fallendem Regen nach Haus fuhr; aßen im Casino und gingen früh nach Haus.

Donnerstag 9 Uhr holte uns Strader wieder mit seinen Eseln ab, und fort ging es gen Okahango; ein entzückender Weg durch dichten Busch; ganz ebener Pad, und die Tiere liefen, was sie konnten; hier sind große Bäume und alles saftig grün; landschaftlich nicht so großartig wie das Gebiet und Hochland bei Windhuk. Das Gutshaus, das Peter Ziegler selbst aufgebaut hatte, war innerlich von Hereros und Termiten völlig demoliert und sah recht unwohnlich aus. Es ist ein Backsteinbau mit hohen Zimmern und ganz viel Platz. Die Farm selbst ist 10.000 ha groß. Er zeigte uns seine neuen Bauten, Ställe etc.; das Vieh war draußen, nur einige Esel und Schweine wälzten sich in Staub und Sumpf. Groß ist der Garten, und er pflanzt alles, was er will. Riesige Kartoffelfelder und auch viel Tabak, Wein und Obst in jeder Art. Auch Rosen und Blumen, die bei uns nicht wachsen, kommen da auf. Für Bananen ist es zu kalt im Winter, auch für Datteln; aber Apfelsinen- und Zitronenbäume tragen.

Ziegler bot uns noch ein großartiges Frühstück an mit Gurken etc., und um 11 Uhr dampften Berend und ich gen Westen mit Herrn v. Thieme, der auch mit der „Erna" wollte. Ellen fuhr allein nach Windhuk zurück. 7.30 waren wir in Karibib, fanden dasselbe Lager und nächteten da wegen Platzmangel in einem Zimmer.

Freitag 5 Uhr wurde aufgestanden, 6 Uhr ging der Zug. Lt. Berne fuhr mit bis Ababis, wo uns der Stabsarzt noch rasch mit Kaffee bewirtete, der uns sehr erquickte. Dann fuhren wir wieder los. Der Himmel war bedeckt, in Folge dessen war es nicht zu heiß, und die Fahrt war erträglich.

Um 11.10 kamen wir in Swakopmund rechtzeitig an, obgleich wir auf den Stationen endlosen Aufenthalt hatten.

Überall liegen lange Züge mit Waren, die wegen Mangel an Beförderungsmitteln – die Lokomotiven reichen nicht aus – nicht hinauf kommen. Teilweise fährt die Bahn so langsam, dass man bequem nebenher gehen kann; im Kan [Flusstal] eine Strecke 17 min. auf 1 ½ km. Im Vergleich zur Otavibahn ist dies allerdings noch herrlich. Die fährt zwar schneller hinauf, bis Karibib in einem Tag, der Reisende hat aber einen Schein zu unterschreiben, auf dem er bescheinigt, dass er auf eigene Gefahr reist, dass die Gesellschaft keine Garantie leistet für Gepäck und keine Entschädigung bei Unglück, bei Verwundung und bei Todesfall, dass die Erben keinen Anspruch machen dürfen auf Schadenersatz etc.; Herr v. Boetticher zeigte mir den Schein, den er sich als Kuriosum aufheben will.

In Swakopmund war der junge Woer[mann] an der Bahn. Er war sehr liebenswürdig und bemüht, es uns bequem zu machen. Ritters waren in L. Wir gingen früh schlafen, d.h. sofort.

Am anderen Morgen fand ich große Post, die ersten Briefe aus der Heimat und Karten von Rappard. Wir kauften einige Sachen, und bald nach Tisch gegen 5 Uhr ging ich an Bord nach über 3 Wochen Aufenthalt im Lande. Berend schlief hier mit die Nacht.

5. Zu Schiff zurück nach Hamburg

Ich bekam eine große Kabine, dieselbe, die Rapp[ard] damals hatte, und finde es sehr schön darin; ich habe einen großen Schreibtisch und kann mich ausbreiten, soviel ich will, es sind ganz wenig Passagiere, ein großer Unterschied zur Hinreise. Zuerst ist es fast öde.

Sonntag nach dem Frühstück ging Berend etwa 11 Uhr von Bord, und gleich ging der Anker hoch, und wir dampften ab. Die Küste verschwand im Nebel, nichts war zu sehen, alles war in Grau, so eine rechte Abschiedsstimmung. So sah ich denn von diesem wunderlichen Lande nichts mehr als eine Nebelwand; und so bin ich nun schon zwölf Stunden fort; die ganze interessante Zeit liegt hinter mir, und hinter mir ein gut Teil Erlebtes. Ich glaube trotz allem, dass ich das Land auch lieben würde bei langem Aufenthalt, es ist so merkwürdig und so schön, und man denkt gern daran zurück, an den strahlend blauen Himmel und die klare Luft und die ewige Sonne. Jetzt geht es unentwegt der Heimat zu. Zum Glück bin ich sehr müde von den Anstrengungen und Strapazen und der Seeluft, um die Reise sehr zu genießen.

Nun hat man sich beschnüffelt, wobei allerdings nicht viel herausgekommen ist. Das meiste fiel für mich durch das Sieb. Obenauf blieben Boetticher, Ahrens und v. Oertzen. Dazwischen hängen der Oberarzt und Thümen. Wir sitzen so: Kapt., ich, Herr v. Thümen, Arzt, Lt. Ahrens, Oberarzt Krause, Oblt. v. Boetticher.

Es ist sehr, sehr heiß diese Tour, und gestern saßen wir wie die Fliegen. Heute ist es etwas besser. Passieren tut

31

nichts. Wir spielen oft an Deck mit den Gummilaschen, man läuft viel. Der Wind ist mit der Fahrt und östlich, daher spüre ich nichts davon, aber der Ventilator tut das Übrige.

Übermorgen sollen wir in Cap Palmas [Liberia, s. Abb. 2] sein; sonst ist von der Fahrt nichts zu sehen, was zu behalten sich lohnt; höchstens, dass mich sehr nach Beruf in Monrovia verlangt, und ich fürchte sehr, nichts zu finden; wollte doch was da sein. Warum ich dies dazwischen schreib, weiß ich nicht. Ich habe so viel Zeit.

Gestern früh 11 Uhr tauchte im Nebel die Küste auf. Alles war sehr gespannt, mal wieder Land zu sehen. Das Wetter ist nicht schön, völlig diesig, so dass man von der Küste nur ganz nah was sieht. Cap Palmas macht sich vom Wasser sehr schön. Vorn die Hügel mit den Häusern der Weißen, ganz grün alles eine dichte Masse, dazwischen ragen hohe Palmen auf; an der Mündung des Flusses die Croo-Hütten, an der anderen Seite ein Palmenwald. Dazwischen am Strand brandet die See, und rechts an den hohen Klippen schlägt sie haushoch auf.

Wir gingen einen kleinen Pfad erst am Fluss entlang, dann durch das Dorf. Europäische hochgebaute Häuser ganz versteckt im Grün der Bananenbäume und Palmen. Üppige tropische Vegetation, stark riechende weiße Baumblüten, merkwürdige Blumen aller Art und Farben, hoch und niedrig, Gebüsche, in denen Kolibris flatterten. Überall Bananenbäume, Kokos- und Dattelpalmen, ein endlos langer Weg, dabei Luft wie im Treibhaus, schwer duftend und schwül und drückend heiß; es riecht förmlich nach Malaria. Das Schönste ist die Meeresbrandung, die sich an einer vorspringenden Klippe tosend zerschlägt und alles umher mit

Schaum bespritzt. Es gibt dort viele und giftige Schlangen, auch viel Fieber; dieses Jahr ist besonders heiß und wechselnd. Auf dem Rückweg Erfrischung bei Herrn Hengst; sehr hübsche Villa mit großen Veranden rund herum; frische Seebrise von allen Seiten und prachtvoller Blick auf das Meer, den kleinen Fluss und die Palmwälder mit den Häuschen. Um 5 ½ waren wir zurück und genossen Kühlung im Bad. Blieben bis 2 Uhr auf der Reede.

Heute früh Picaninny Sesters nur ganz im Nebel gesehen; die Küste zeigt sich kaum, so diesig ist es. Dabei dieselbe Schwüle.

Dienstag früh in Gr. Bassa [Liberia]; fuhr mit der Barkasse 7 Uhr früh an Land. Große Faktorei hübsch gelegen; übliches Bild der Landschaft, Palmbäume, Bananen etc.; Gebäude ziemlich verfallen. Große Bäume, Ausfuhr von Palmkernen. Tropische Temperatur.

10 Uhr abgedampft nach Monrovia; großer Trubel auf der Reede. Englisches Kriegsschiff; 3 Woermann-Dampfer auf einmal vor Anker. An Land ging niemand, die letzten Croos verließen uns. Haupt. Boethin, von Rehoboth, rückreisend auf der „Professor", kam an Bord zu mir und erzählte sehr begeistert von seinem Aufenthalt früher drüben.

Seit vorgestern etwas kühler, fast frisch; man friert bei 20°. Am 19ten früh in Las Palmas [Kanaren] gegen 12 Uhr; an Land. Große Post erhalten; Festtag, daher Läden geschlossen. Kathedrale besehen, Blick von oben. Früh mit Ahrens und v. Oertzen.

Morgens früh 6 Uhr Piz von Teneriffa schneebedeckt in den Wolken. Spazierfahrt gemacht; Landwein getrunken, viel Spaß gehabt, schönes Wetter, aber kühl.

Abb. 5 Kanarische Inseln und Madeira
(Stielers Handatlas, 1905)

Morgens 6 Uhr Teneriffa. Gefällt mir doch am besten von den 3 Inseln. Morgens lag alles erleuchtet vor uns. Ging an Land mit Ahrens. Fuhren, nachdem wir 1.000 Einkäufe gemacht hatten, in der Stadt Santa Cruz umher, besahen den Stierzirkus, tranken Landwein in einer Laube; sehr spaßhaft.

11 Uhr ließen wir Teneriffa und fuhren gen Madeira, wo wir anderentags gegen 10 Uhr Anker warfen.

12 Uhr an Land mit einem Kerl von Führer. Boetticher, Ahrens und ich fuhren per Zahnradbahn den Monto hinauf, üppige Vegetation. Große Bäume, Eichen, Kamelien, Steineichen mit vielen Stämmen, Gemüsegärten. Von oben herrlicher Ausblick auf Funchal und den Hafen. Steinplatten-Schlittenfahrt nicht so doll, wie ich dachte. Riesenhafte Einkäufe machten Ahrens und ich.

Santa Anna. Abends entzückender Ausblick mit all den Lichtern. Echo der Dampfpfeife. Kühl an Land.

9 Uhr fuhren wir ab. Am anderen Tag jäher Wechsel des Wetters. Kühl und kühler wurde es. Starke See und Wind entgegen.

Jetzt im Kanal etwas besser, aber eisig kalt, Hagel, Schnee und Regenböen. Dover sehr schön mit all den Lichtern. Nordsee wenig bewegt.

Cuxhaven passiert etwa 5 Uhr früh. Elbe kahl und hässlich. Wasser eklig braun. 11 Uhr kamen wir im Hafen an, und nach den üblichen Begrüßungen verließ ich mein Domizil von 3 Wochen und 2 ½ Tagen.

– Schluss. –

6. Ein Jahr später: Postkartenrückblick

Abb. 6 Postkarte von Berend Roosen an Schwester Käthe
vom 18.3.1907 aus Deutsch-Südwestafrika

(Vorderseite mit Bild von Swakopmund)

Abb. 7 Postkarte vom 18.3.1907
(Rückseite mit Text)

Text:

M. l. Käthemaus! Weißt Du noch, wie wir mühsam durch
den Swakopmunder Sand stapften? R's Haus, das ich gestern besah – Ellen hat schon drin logiert –, ist hübsch u.
wohnlich. Hier wurde ich so recht an die Zeit unserer Ankunft erinnert und an die Tage Deiner Abfahrt. Ich habe auf
der „Gertrud" an Deck eine sehr schöne Kabine.
Euch beiden herzl. Grüße D. Berend

Anhang I: Biographisches

Catharina Wilhelmine („Käthe") Sieveking, geb. Roosen (1877–1942), entstammt einer wohlhabenden Hamburger Reederfamilie mennonitischen Glaubens (s. Lit. 1).

Ihr Vater, Berend Roosen VII (1835–1887, s. Abb. 9), erbt schon mit 25 Jahren die väterliche Reederei, gibt sie jedoch, nach kurzer Blüte, im Jahr 1882 auf, nachdem sein (nicht versichertes) letztes Schiff bei einer Kollosion auf der Elbe gesunken ist. Im Jahr 1887, als Käthe zehn Jahre alt ist, erkrankt er auf einer Südamerikareise und stirbt auf der Quarantäneinsel Flores vor Montevideo.

Seitdem lebt die Mutter, Johanna Roosen, geb. Linnich (1839–1915, s. Abb. 10), mit ihrer Familie in recht bescheidenen Verhältníssen in Hamburg.

Käthes Schwestern, Laura und Agnes, sterben früh.

Der ältere Bruder, Berend Roosen VIII (1873–1945, s. Abb. 11), geht zum Militär und heiratet 1900 Ellen v. Pawlowski (1879–1949, s. Abb. 12), die Tochter seines Regimentskommandeurs. Während des Kolonialkrieges in Deutsch-Südwestafrika dient er als Oberleutnant im 2. berittenen Feldregiment und im 1. Weltkrieg als Bataillonskommandeur. Er nimmt an zahlreichen blutigen Schlachten teil und wird mit dem Orden „Pour le Mérite" ausgezeichnet. Zwischen den Kriegen ist er als Oberst in Polizeidienst und lebt ab 1935 als Pensionär mit Ellen in Altenhof. Am 5. Mai 1945 wird er auf der Flucht vor den Russen erschossen.

Käthe scheint in ihrer Familie sehr beliebt gewesen zu sein, wie ihre Nichte und Freundin Maria Benemann schreibt: „ein stiller, kluger Mensch" (Lit. 2).

Nach ihrer Rückkehr aus Südwestafrika heiratet Käthe im Dezember 1906 den Landrichter und späteren Notar Dr. Ulrich Sieveking (1878–1952, s. Abb. 8 und 13). Während des 1. Weltkrieges ist Ulrich an der Ostfront eingesetzt, und es wird ein regelmäßiger Briefwechsel geführt (s. Lit. 3).

Nach dem Krieg bezieht die Familie das Haus des Schwiegervaters Caspar Wilhelm Sieveking in der Oberstraße 116 in Hamburg.

Die drei Söhne (s. Abb. 8), Friedrich (1907–2002), Ulrich (1910–2000) und Johannes (1912–1987), studieren alle Jura, und Käthe nimmt regen Anteil an ihrer Entwicklung, wie umfangreiche Briefwechsel zeigen.

Abb. 8 Geburtstagskalender von Johannes Sieveking (um 1930)
(Ausschnitt vom 3.Mai, Geburtstag von Käthe, oben,
mit Johannes, Ulrich sen., Ulrich jun. und Friedrich)

In der Mitte der 30er Jahre erkrankt Käthe an der über Jahre fortschreitenden Arthrosis deformans und stirbt nach langem Leiden am 7.4.1942.

Ihr Ehemann, Ulrich, überlebt sie um zehn Jahre.

Abb. 9 Vater Berend Roosen VII (1835–1887),
um 1870

Abb. 10 Mutter Johanna Roosen, geb. Linnich (1839–1915),
mit Tochter Käthe, um 1878

Abb. 11 Bruder Berend Roosen VIII (1873–1945),
um 1906

Abb. 12 Ellen Roosen, geb. v. Pawlowski (1879–1949),
um 1906

Abb. 13 Ulrich und Käthe Sieveking, geb. Roosen,
um 1906 (mit Ehering)

Anhang II: Chronologie der Afrikareise

Do.	18.1.1906	Abreise Hamburg mit MS „Erna"
Fr.	26.1.1906	Las Palmas, Kanaren
Mi.	31.1.1906	Monrovia, Liberia
Sa.	3.2.1906	Äquator
Fr.	9.2.1906	Swakopmund, Südwestafrika
Sa.	10.2.1906	Inbultmuter (Bahn)
So.	11.2.1906	Karibib (Bahn)
Mo.	12.2.1906	Albrechtshöhe, Okahandja (Bahn)
Di.	13.2.1906	Windhuk, Ausflüge:
Do.	15.2.1906	Klein-Windhuk
So.	18.2.1906	Nebuamis
Mo.	19.2.1906	Ongeama, Gefangenenzug
Di.	20.2.1906	Nebuamis
Mi.	21.2.1906	Okeigas
Fr.	23.2.1906	Klein-Windhuk
Sa.	24.2.1906	Erosberge
Di.	27.2.1906	Avis
Mi.	28.2.1906	Okahandja (Bahn)
Do.	1.3.1906	Okahango
Fr.	2.3.1906	Swakopmund (Bahn)
So.	4.3.1906	Abreise mit MS „Erna"
Di.	13.3.1906	Cap Palmas, Gr. Bassa, Liberia
Mo.	19.3.1906	Las Palmas, Kanaren
Di.	20.3.1906	Teneriffa, Kanaren
Mi.	21.3.1906	Madeira
Di.	27.3.1906	Hamburg

Anhang III: Begriffe und Namen

Pad (holl.): schmaler Weg, Pfad
Orlog: Krieg
Rivier: trockenes Flussbett
Kra(a)l: kreisförmige Siedlung, später: Viehgehege
Hottentotten: Nama
Witbooi: Nama-Stamm, tragen weiße Stoffstreifen
Klippkaffern: Dama (bantusprachiges Volk)
Herero: Dama-Stamm
Bastards: Abkömmlinge von Buren und Nama-Frauen
Croo-Neger: Liberianischer Stamm, auch Schiffspersonal

Morenga, Jacob (1875–1907): Nama-Onderkaptein
Witbooi, *Hendrik* (1830–1905): Nama-Kaptein
Goliath, Johann Christian: Nama-Onderkaptein
Frederiks, *Cornelius* (gest. 1907): Nama-Onderkaptein
Isaak, Samuel: Nama-Onderkaptein, Witbooi
Sebulon: Witbooi-Kaptein; 1905: Überfall auf Posten Gurus

Maercker, Georg Ludwig Rudolf (1865–1924): Major,
    Kommandeur des Nordbezirks; später: Generalmajor
Schultze-Moderow, Friedrich (1854–1929): Major
v. Rappard, Emil (1863-1914), Hauptmann, später Major,
    fiel im Weltkrieg bei Sandfontein

Anhang IV: Literaturhinweise

1. Arthur Roosen: Die Familie Roosen, 1952 (Privatdruck)
2. Maria Benemann: Leih mir noch einmal die leichte Sandale, 1978, Hans Christians Verlag, Hamburg
3. Ulrich Sieveking: Im 1.Weltkrieg, Briefwechsel mit der Familie, 2015 (Privatdruck)
4. Jürgen Zimmerer, Joachim Zeller: Völkermord in Deutsch-Südwestafrika, 2016, Ch. Links Verlag, Berlin

Dank des Herausgebers

Meinem Vetter Malte Sieveking danke ich für die Überlassung des Tagebuchs.

Ganz besonders danke ich meinem Lektor und Korrektor, Moritz Päffgen, für kritische Anmerkungen und die geduldige Durchsicht der verschiedenen Fassungen, vor allem aber für viele intensive Gespräche bei gleichbleibendem Interesse.